DEBUT D'UNE SERIE DE DOCUMENTS
EN COULEUR

Couverture inférieure manquante

ÉPISODES

DE

L'HISTOIRE DU DAUPHINÉ

Au XVIIe Siècle

PAR

LE COMTE DE COSNAC

(GABRIEL-JULES)

VALENCE

IMPRIMERIE ET LITHOGRAPHIE J. CÉAS ET FILS

1889

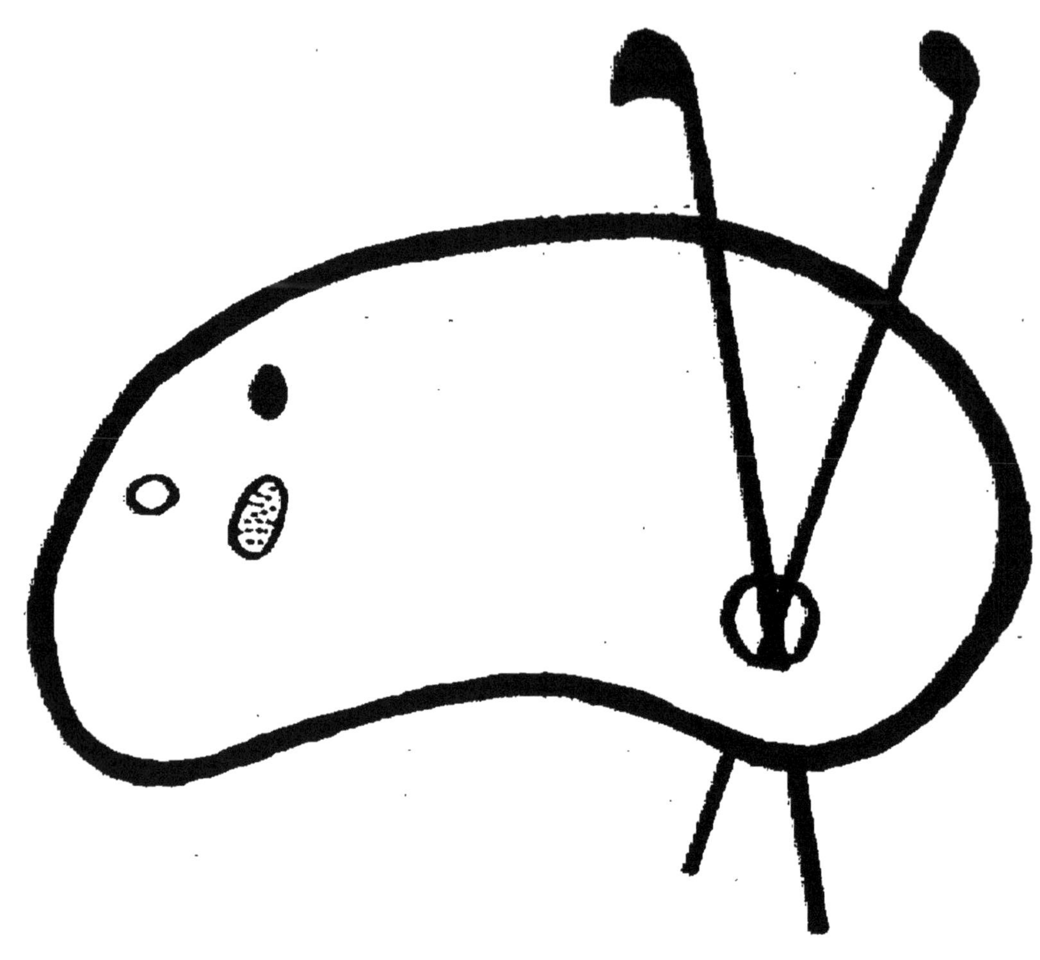

FIN D'UNE SERIE DE DOCUMENTS
EN COULEUR

ÉPISODES

DE

L'HISTOIRE DU DAUPHINÉ

Au XVIIe Siècle

PAR

LE COMTE DE COSNAC

(GABRIEL-JULES)

VALENCE
IMPRIMERIE ET LITHOGRAPHIE J. CÉAS ET FILS

1889

ÉPISODES

de l'Histoire du Dauphiné au XVIIe Siècle

PAR

LE COMTE DE COSNAC

(GABRIEL-JULES)

Une perturbation considérable agita le Dauphiné dans le cours des années 1655, 1656, 1657 et 1658; des mesures fiscales très rigoureuses et la charge écrasante du logement des troupes occasionnée par leur passage pour aller soutenir en Italie la guerre contre l'Espagne, avaient suscité un mécontentement général. L'âpreté de caractère de Claude Pellot, intendant de cette province, ses principes d'autorité absolue ajoutèrent aux autres griefs un grief d'une gravité exceptionnelle (1). Deux personnages jouèrent le principal rôle dans les événements qui résul-

(1) M. O. Reilly a publié sous le titre *Mémoires sur la vie publique et privée de Claude Pellot*, deux volumes riches en documents pour lesquels les *Mémoires de Daniel de Cosnac* lui ont fourni de précieux renseignements; mais une source a manqué à son travail, la connaissance du *Dépôt des archives des affaires étrangères*; c'est à cette source que nous avons puisé les principaux éléments de notre récit.

tèrent d'une situation si tendue : Claude Pellot, par sa violence, avait aggravé l'intensité de l'incendie, Daniel de Cosnac, évêque et comte de Valence et de Die (1), par des voies de conciliation réussit à l'éteindre.

Avant d'entrer plus avant dans notre récit, donnons quelques détails sur ces deux personnages.

Claude Pellot, né à Lyon en 1619, était fils de Claude Pellot, prévôt des marchands de cette ville et de Marie Poculot ; sa famille était d'origine milanaise, Peloti était son nom primitif. Les Peloti ou Pelot s'associèrent à Lyon à la famille Mascrany pour exercer la banque et le commerce de la soie. Le jeune Claude Pellot fit à Lyon une liaison qui décida de son avenir avec Jean-Baptiste Colbert, d'une famille de Troyes, qui appartenait également au commerce et à la banque ; celui-ci était entré dans la maison Mascrany pour y faire un apprentissage et y avait rencontré Pellot. Bientôt Paris les attira l'un et l'autre ; Colbert y était appelé dans les bureaux du ministre Le Tellier. Un lien de parenté ne tarda pas à les rapprocher davantage, Claude Pellot épousa Claude Le Camus dont la mère, Marie Colbert, était proche parente du futur grand ministre. Pour l'un comme pour l'autre des deux amis, s'ouvrait la carrière recherchée des intendances, mais il fallait attendre l'âge requis qui était trente-quatre ans. Pour employer cet intervalle à franchir, Claude Pellot acheta une charge de conseiller au Parlement de Rouen. En 1653, arrivé à l'âge voulu, Pellot fut pourvu de la charge de maître des requêtes de l'hôtel, c'est-à-dire affecté au tribunal qui dépendait de la charge du Prévôt de l'hôtel du Roi et

(1) Nous avons publié, en 1852, dans la collection de la *Société de l'histoire de France* ses *Mémoires* jusqu'alors inédits.

Grand Prévôt de France (1). En 1656, Claude Pellot fut nommé à l'intendance du Dauphiné, à cette fonction était jointe celle d'intendant de l'armée. Pellot avait un frère, Jean-Baptiste, religieux chartreux, qui devint prieur de la Chartreuse de Villefranche, en Rouergne, et qui mourut, en 1680, second procureur de la chartreuse de Rouen (2).

Daniel de Cosnac était le troisième fils de François, seigneur et baron de Cosnac, et d'Eléonore de Talleyrand, sœur de l'infortuné comte de Chalais ; il était né en 1630, au château de Cosnac en Limousin. Après de brillantes études couronnées par les divers diplômes que conféraient l'Université et la Sorbonne, étant destiné à la profession ecclésiastique, il fut attaché à l'un des principaux chefs de la Fronde, au prince de Conti, frère du Grand Condé, précisément parce que ce prince était alors destiné au cardinalat et pourvu de nombreuses abbayes ; mais on sait que le prince de Conti répudia bientôt la pourpre qui l'attendait pour épouser Anne-Marie Martinozzi, nièce du cardinal Mazarin. Daniel de Cosnac avait contribué pour beaucoup au traité de paix de Bordeaux, du 23 juillet 1653, qui termina la Fronde ; les évêchés réunis de Valence et de Die, auxquels il fut promu en 1654, furent sa récompense. Lorsqu'il descendait de chaire après un sermon prêché devant la cour, le cardinal Mazarin lui remit le brevet de ces deux évêchés en lui disant : « Vous recevez le bâton de Maréchal de France sur la brèche (3). » Il succédait à un intervalle de

---

(1) Dans notre *Introduction* aux *Mémoires du marquis de Sourches*, Grand Prévôt de France, nous avons donné des détails étendus sur cette curieuse juridiction.

(2) Voy. *Moreri*.

(3) Voy. la vie de *Daniel de Cosnac*, par l'abbé de Choisy.

soixante-seize années, à Jean de Monluc (1), son arrière grand-oncle par sa mère, Eléonore de Talleyrand, petite-fille de l'illustre maréchal de Montluc. Les évêchés de Valence et de Die avaient été réunis en 1275, par le pape Grégoire X, afin de leur donner une plus grande force de résistance contre les empiétements des Dauphins. Malgré cette réunion, l'évêque recevait des bulles distinctes pour les deux évêchés qui furent de nouveau séparés en 1687, lorsque Daniel de Cosnac fut promu à l'archevêché d'Aix.

Pendant les premières années de son épiscopat, les attaches que le nouvel évêque avait conservées auprès du prince de Conti, la faveur de la reine Anne d'Autriche et du cardinal Mazarin, la charge de premier aumônier de Monsieur, duc d'Orléans, frère de Louis XIV, la députation aux assemblées du clergé de France, le retinrent le plus souvent à la cour où son esprit était vivement apprécié (2). Son extrême activité lui permettait de pourvoir aux occupations les plus diverses, affaires ecclésiastiques, affaires temporelles nombreuses comme seigneur de divers lieux de son double diocèse, notamment de la ville de Die, affaires administratives et politiques de la province dans lesquelles on le conviait à intervenir.

Cette intervention à l'occasion des impôts et de la charge du logement des troupes, soit qu'elles fussent de passage, soit qu'elles fussent en quartiers d'hiver, fera le principal sujet de notre récit.

Afin de se soustraire à une charge d'autant plus écrasante qu'elle était pour ainsi dire illimitée, le Dauphiné

---

(1) Jean de Monluc, évêque de Valence, de 1553 à 1579.

(2) Voy. les *lettres de la marquise de Sévigné*, les *Mémoires de l'abbé de Choisy, du duc de Saint-Simon*, etc.

était parvenu à obtenir l'exemption du quartier d'hiver à la condition de payer une contribution annuelle de trois cent mille livres, mais cette charge était encore trop lourde pour un pays déjà ruiné; il en résultait que le recouvrement était des plus difficiles. En raison de cela peut-être la promesse de l'exemption du quartier d'hiver n'était pas rigoureusement observée. Le Fébure de la Barre, le prédécesseur immédiat de Claude Pellot dans l'intendance du Dauphiné, d'où il fut transféré au gouvernement du Canada, avait exposé au cardinal Mazarin cette déplorable situation ; il lui avait décrit la désolation générale et lui avait dit que le Dauphiné se tiendrait encore pour relativement satisfait, s'il n'était astreint pour le logement des troupes, qu'à une charge double de celles que supportaient les paroisses de Champagne et de Picardie. Il se plaignait des exactions commises par les officiers qui en dépensaient le produit, disait-il, dans les cabarets, et ceux-ci seuls s'enrichissaient. Afin d'apporter un remède à tous ces maux, il suppliait le cardinal d'intervenir auprès de Le Tellier, l'inflexible secrétaire d'Etat de la guerre (1).

Ces réclamations étaient justes, sans doute, mais y faire droit n'était pas facile. La guerre civile de la Fronde, terminée depuis deux années seulement, et la guerre étrangère, qui durait toujours, avaient tari les ressources des finances. Il était devenu presque impossible d'empêcher de vivre sur l'habitant des troupes mal payées, qui souvent même, pour cette cause, refusaient de marcher, accroissant ainsi par la prolongation de leur séjour, la désolation des lieux qu'elles occuppaient. M. d'Aubusson

(1) Lettre inédite datée de Montélimar, 8 mars 1655. *Archives des affaires étrangères ; Dauphiné.*

de La Feuillade, archevêque d'Embrun, écrivait au cardinal Mazarin, que les régiments de Chamblay, de Grancey, de Preston qui devaient prendre leur route par Suze, étaient partis sans beaucoup de résistance, grâce à l'énergie de M. de Quincey, lieutenant-général, de leurs quartiers de Gap et d'Embrun, mais que les autres régiments refusaient de quitter leurs quartiers, refus d'autant plus fâcheux que Madame Royale (la duchesse de Savoie) n'avait accordé le passage de Suze que pour un temps limité (1).

Le régiment le plus récalcitrant était le régiment de Navarre; le cardinal Mazarin écrivit à l'intendant de la Barre que Le Tellier lui envoyait des ordres rigoureux, et que le roi le soutiendrait dans tout ce qu'il ferait pour le bien du service et le maintien de son autorité (2).

Les ordres sévères qui furent donnés pour la discipline des troupes devaient être nécessairement accompagnés de quelques autres satisfactions accordées aux populations foulées. Le Goux de la Berchère, premier président du Parlement de Grenoble, qui s'était rendu auprès du cardinal Mazarin pour lui apporter les doléances de la province, reçut du premier ministre l'expression de ses regrets des maux produits par le dernier quartier d'hiver; en outre, le cardinal adressa une lettre au Parlement pour lui exprimer directement les mêmes sentiments (3). Le premier ministre avait fait précéder cette lettre d'une lettre à l'intendant par laquelle il lui prescrivait de châtier les officiers récalcitrants, et de tenir la main à ce que les qua-

---

(1) Lettre inédite datée d'Embrun, 20 avril 1655. *Mêmes archives.*

(2) Lettre inédite datée de Paris, 7 mai 1655. *Mêmes archives.*

(3) Lettre inédite datée de Chantilly, 30 mai 1655. *Mêmes archives.*

tre régiments qui devaient aller servir en Italie sous les ordres du duc de Modène fussent mis en bon état. Comme à cette fin il était nécessaire que ces troupes fissent quelque séjour, il lui avait annoncé que suivant des instructions précises adressées par Le Tellier, les dépenses qui en résulteraient seraient portées en déduction sur l'impôt de la taille (1).

Ces sentiments de bienveillante commisération eurent plus d'apparence que de réalité, car le maréchal de Lesdiguières, gouverneur de la province, aux intérêts de laquelle il était tout dévoué, écrivit au maréchal de Villeroy :

« Monsieur mon très cher frère,

« Comme vous avez toujours beaucoup d'affection pour moi, vous avez bien voulu me faire part de l'entretien que vous avez eu avec Son Eminence sur l'accablement qu'a eu cette province et sur l'expédient que'lle proposa pour l'exempter du quartier d'hiver cette année. Sur quoi vous agréerez que je vous dise qu'il faut absolument qu'elle fasse tous les efforts possibles pour cela ; mais on lui demande ce qu'elle doit de la taille de cette année en un terme trop court, et quoique je croie qu'on aura la bonté de souffrir qu'elle en demande de plus longs, ce serait lui donner le moyen de s'en acquitter parfaitement, si l'on voulait l'assigner pour des paiements égaux et dont le premier commençât au commencement de l'année prochaine ; alors, tous les mois elle donnerait cent mille livres ; et, s'il plaisait à Son Eminence de vouloir se faire affecter la chose, au cas qu'elle fût due, j'oserais l'assurer

---

(1) Lettre inédite datée de Compiègne, 24 mai 1655. *Mêmes archives.*

qu'elle en aurait contentement C'est de moi seul que je vous propose cette affaire, ne m'en étant pas ouvert à âme vivante, laissant l'assemblée des dix villes que j'ai convoquée à délibérer des moyens qu'ils peuvent avoir pour exécuter ce que le Roi leur demande par la lettre qu'il m'a écrite sur ce sujet. J'en devais user de la sorte, parce que s'il plaît à Son Eminence d'accepter ma proposition, outre l'obligation que toute la province lui en aura, elle aussi me saurait gré de lui avoir procuré ce soulagement ; que si aussi Son Eminence veut attendre les résolutions que cette assemblée prendra pour payer ses six cent et tant de mille livres qu'on lui demande de la taille de cette année, elle le peut et choisira laquelle des deux offres lui serait plus agréable. Je laisse, Monsieur et très cher frère, à votre prudence de ménager la chose, vous disant au surplus que la guerre des huguenots du Piémont dure toujours et qu'il serait à désirer que le roi interposât son autorité pour l'assoupir. C'est où je finis après vous avoir souhaité une heureuse campagne pour les armées du Roi, étant encore tous effrayés du péril où il a été avec la Reine et Monsieur, Dieu les conserve tous et vous aussi à qui je suis passionnément,

« Monsieur et très cher frère,

votre très humble frère et très obéissant serviteur.

LESDIGUIÈRES.

A Grenoble, ce 20 juin 1655 (1). »

---

(1) Lettre inédite. *Mêmes archives.* Cette lettre était fermée par un double cachet en cire rouge dont l'empreinte des armoiries a été enlevée par la soie qui joignait les deux cachets ; la couronne ducale seule est restée.

Le gouverneur du Dauphiné plaçait d'autant plus de confiance dans l'intervention invoquée du maréchal de Villeroy que la faveur de celui-ci auprès de la cour, n'était pas douteuse. Jusqu'à la déclaration de la majorité le maréchal de Villeroy avait exercé les fonctions de gouverneur du jeune roi. Vain espoir, cependant le chiffre auquel la taille avait été portée était excessif et il faut remarquer néanmoins que le duc de Lesdiguières ne sollicitait que des tempéraments afin de rendre cette charge moins lourde par de plus longs délais de paiement.

Le cardinal Mazarin, suivant sa coutume, se bornait à répondre par de bonnes paroles ; il écrivait à M. de la Berchère :

« A Soissons, 10 juillet 1655.

« Monsieur,

« Je suis très fâché du trouble qu'on vous donne ; si vous voulez prendre la peine d'informer le sieur Colbert de ce que vous souhaiteriez, afin que l'on connaisse mieux la considération en laquelle vous êtes auprès de Sa Majesté et la part que je prends à ce qui vous touche, il agira et parlera pour cet effet en la manière que vous désirerez. Vous n'aurez qu'à lui montrer la présente qui lui servira d'ordre. Si je peux quelque chose de plus, vous m'obligerez de me le demander. Vous avez toujours été trop bon serviteur du Roi et trop de mes amis en tout temps, pour ne s'intéresser pas pour votre repos et pour vos avantages, et sur ce je demeure (1)..... »

M. de la Berchère continuait son séjour à Paris afin de poursuivre des adoucissements au sort du Dauphiné, et

---

(1) Minute. *Mêmes archives.*

comme présage du succès de ses démarches, il obtint que le cardinal Mazarin adresserait lui-même une lettre au Parlement de Grenoble ; celui-ci se trouvant en vacances, la chambre des vacations fit la réponse suivante :

« 25 septembre 1655.

« Monseigneur,

« Ce nous a été une grande satisfaction de voir dans la lettre qu'il a plu à Votre Eminence nous écrire par Monsieur le premier président que les misères du Dauphiné lui étoient connues et qu'elles avoient touché sa bonté. Il est vrai, Monseigneur, qu'elles sont arrivées au point de ne pouvoir être soulagées que par Votre Eminence, et il semble que la forte passion qu'elle a pour le bien de l'Etat et le service du Roi l'engage plus particulièrement dans les intérêts d'une province qui ne s'est jamais éloignée et qui est demeurée toujours constante dans son devoir. Nous pouvons dire, Monseigneur, qu'elle a très bien su imiter en cela l'exemple que nous lui avons donné, et nous ne doutons point qu'elle ne continue dans la même obéissance, puisqu'elle nous verra toujours les premiers à la rendre aux volontés de Sa Majesté ; que si dans ce dessein nous étions assez heureux pour rencontrer des occasions de servir Votre Eminence, nous tâcherions de lui témoigner l'estime que nous avons pour elle et notre ressentiment des assurances de sa bonté pour nous que Monsieur le premier président nous a données à son retour de la cour qui nous a causé autant de joie que son éloignement nous avoit été sensible ; et comme c'est une personne très utile au service du Roi, nous ne pouvons être que très satisfaits de la voir continuer avec nous d'en prouver les avantages et faire connoître par ce moyen et par nos services à Votre Eminence que nous sommes,

« Monseigneur,

« vos très humbles et très obéissants serviteurs.

« Les élus tenant la cour du parlement de Dauphiné aux chambres de vacations.

L. DAUDET (1). »

Ces remerciements s'adressaient à des promesses illusoires, puisque le duc de Lesdiguières, revenant à la rescousse, fut obligé d'adresser directement au cardinal Mazarin la lettre qui suit :

« Monseigneur,

« J'avois espéré que la province de Dauphiné ayant fait tout ce que Sa Majesté avoit désiré pour l'exempter du quartier d'hiver, elle jouiroit de la grâce que le Roi lui avoit promise par ses ordres réitérés, dont Votre Eminence en avoit fait autant espérer, connoissant elle-même la pauvreté de ce pays et le besoin qu'il avoit d'être soulagé après avoir supporté ces années dernières le logement des armées d'Italie et de Catalogne et essuyé le passage continuel desdites troupes sans que les habitants aient eu aucun relâche. Après quoi j'ai été surpris d'apprendre qu'on les menaçoit encore de leur envoyer des gens de guerre, et que par un malheur dont les causes me sont inconnues, cette misérable province alloit être privée des effets de la bonté de Sa Majesté après avoir fait tous ses efforts possibles pour l'avance des six cent et tant de mille livres qu'on lui avoit demandée, afin de n'être pas indigne de la grâce que Sa Majesté lui avoit voulu faire,

(1) *Mêmes archives.*

et comme je connois l'impuisance où est ce pays de recevoir un logement, et, outre ce, de supporter la grande dépense des étapes, c'est ce qui m'oblige de représenter à Votre Eminence qu'il est à craindre que Sa Majesté ne reçoive du préjudice si elle renvoie cet hiver des troupes d'Italie loger dans cette province; presque au premier bruit qui y viendra aux oreilles des peuples, ils achèveront de quitter leurs habitations, ainsi que la plus grande partie d'iceux furent obligés de faire l'année dernière, étant comme dans le désespoir de se voir plus maltraités que leurs voisins qui n'ont pas un soldat. Je ne doute pas que Votre Eminence ne fasse réflexion sur l'état auquel je lui décris cette province et qu'elle ne doute pas que je n'y prends que le seul intérêt du Roi et de lui conserver un pays qui lui est le plus soumis de tous ceux de son royaume, mais aussi qui est le seul à la vérité qui lui doit donner le plus de commisération, afin qu'il n'y renvoie point de gens de guerre qui l'ont traité, il y a huit mois, comme un pays de conquête, avec toute sorte de mépris des ordres du Roi et des miens, outre mille excès qu'ils ont commis, que je ne saurois empêcher que la justice ne soit faite si lesdites troupes reviennent et notamment celles de Son Altesse Royale (1), les régiments de Navarre, de Carignan, Grancey et Chambelley. J'espère que Votre Eminence considérant la justice qu'il y a de soulager cette pauvre province lui procurera quelque repos et me fera l'honneur de me croire,

« Monseigneur,

« Votre très humble et très obéissant serviteur

« LESDIGUIÈRES.

« De Grenoble, 7 novembre 1655 (2). »

---

(1) Le duc d'Orléans. — (2) Lettre inédite. *Mêmes archives.*

Cette lettre pressante du gouverneur du Dauphiné semblait ne pas devoir, comme les démarches précédentes, rester absolument sans effet. Le cardinal Mazarin, sans aller jusqu'à accorder l'exemption complète de la charge du quartier d'hiver, promit que le logement des troupes serait restreint à deux villes et à quelques vallées (1) ; mais il ne les désignait pas, ce qui laissait encore une bien grande marge à l'arbitraire. Le cardinal promit en outre que les gens de guerre seraient astreints à une discipline d'autant plus sévère que pour leur ôter toute raison ou prétexte à des déprédations, ils seraient exactement payés. Le cardinal assurait que l'excédant des troupes qui n'hivernerait pas en Dauphiné, comme les années précédentes, resterait par delà les monts, ou serait envoyé dans la Bresse.

Ces concessions étaient de nature à produire un apaisement relatif, malheureusement d'autres causes de troubles subsistaient encore ; elles nous obligent à remonter à la lettre du 20 juin, du duc de Lesdiguières au maréchal de Villeroy, que nous avons reproduite. Les protestants s'étaient soulevés en armes dans le Piémont et cette insurrection menaçait de s'étendre dans le Dauphiné; ils avaient même entrepris des levées de troupes pour les faire passer dans le Piémont. Afin de parer à ce danger, le cardinal Mazarin prescrivit de maintenir les protestants dans la stricte observation des articles de l'Edit de Nantes ; mais, en même temps, il recommandait dans une lettre au premier président du parlement de Grenoble d'apporter à la répression la plus extrême prudence (2). M. de la Berchère

---

(1) Lettre inédite du cardinal Mazarin au duc de Lesdiguières, Compiègne, 24 novembre 1655. *Mêmes archives.*

(2) Lettre inédite du cardinal Mazarin à M. de la Berchère, Compiègne, 24 novembre 1655. *Mêmes archives.*

se conforma aux instructions du premier ministre et le mit au courant des dangereux agissements des protestants par la lettre qui suit :

« 29 janvier 1656, à Grenoble.

« Monseigneur,

« Je prends la plume pour informer selon mon devoir Votre Eminence que nous avons présentement dans cette province des envoyés de Genève qui sollicitent et offrent de l'argent à ceux de la Religion prétendue réformée pour y lever des troupes à l'effet de les employer aux vallées afin, ce disent-ils, d'empêcher Madame de Savoie, par cette diversion, de secourir les cantons catholiques. Votre Eminence, Monseigneur, jugera mieux que personne à quoi peut aboutir ce dessein de Cromwell pour ce qu'il peut produire soit à l'égard des desseins d'Italie, soit à l'égard de nos religionnaires que je trouve alertes plus qu'à l'ordinaire. Ils doivent faire instance dans peu pour le rétablissement des temples démolis et pour d'autres choses. En quoi, Monseigneur, l'on m'a assuré de bonne part qu'ils sont conviés d'Angleterre qui leur fait espérer de leur être favorable en semblables demandes, afin, s'ils les obtiennent, de se lier davantage pour les occasions, et si on les refuse, pour se faire plus considérer et rechercher par l'appréhension qu'elle ne témoigne s'intéresser dans ce mécontentement pour le faire dégénérer dans quelque désordre. Pour moi, Monseigneur, je suis persuadé que cette nouvelle République a pour maxime fondamentale de semer les guerres et la division partout, et d'empêcher par tous moyens la paix des couronnes, afin de n'avoir pas seulement rien à craindre, mais pour se rendre très considérable pour son parti terrible à la fin, pour ne pas dire funeste à l'Église. Tous ces pernicieux projets, Monseigneur, ne m'étonnent de rien, puisque nous avons Votre Eminence pour défenseur. Elle nous commandera, s'il lui plaît, ce que nous aurons à faire ici pour le plus grand service du Roi, soit dans cette rencontre, soit pour toute autre et nous y obéirons toujours comme nous devons, et étant comme nous sommes véritablement.

« Monseigneur,
de Votre Eminence,
très humble, très obéissant, très fidèle, très obligé serviteur.

LA BERCHÈRE (1). »

Le cardinal Mazarin répondit à M. de la Berchère qu'il lui appartenait, en sa qualité de premier président du parlement de Dauphiné, de faire observer, de concert avec le duc de Lesdiguières, gouverneur de la province, la défense absolue de lever des troupes sans une commission du roi ; le cardinal ajoutait qu'il avait confiance dans le concours que donnerait le parlement tout entier à son premier président (2). Le cardinal s'abstient de faire aucune réponse au passage de la lettre de M. de la Berchère concernant une connivence avec Cromwell des protestants du Dauphiné, soit qu'il trouvât que le premier président, s'occupant de la politique extérieure, sortait de son domaine, soit qu'il ne voulut pas entrer avec lui en explication sur un point aussi délicat.

Il est à propos de remarquer que l'intervention de

---

(1) Lettre inédite. *Mêmes archives.*
(2) Lettre inédite datée de Paris, 17 février 1656. *Mêmes archives.*

Cromwell signalée par M. de la Berchère pour l'écrasement des cantons catholiques en Suisse, avait pour but de susciter en France de nouveaux troubles, réveillant ceux de la Fronde, dont on n'était éloigné encore que par l'intervalle de trois années ; ce danger n'était en définitive imputable qu'à la politique extérieure du cardinal Mazarin lui-même. Il lui eut été facile de renverser Cromwell en donnant un appui au parti puissant qui devait dans peu d'années rappeler Charles II sur le trône d'Angleterre ; mais il avait préféré, au prix d'humiliants dédains et d'avances peu dignes faites par M. de Bordeaux, ambassadeur à Londres, rechercher l'alliance du meurtrier de Charles Ier, compromettant ainsi le dogme de l'inviolabilité royale, et le principe monarchique lui-même. Ce germe d'une politique néfaste qui aurait dû être réprouvée par un gouvernement monarchique, devait au bout de moins de deux siècles, introduire ses rejetons funestes dans la France elle-même (1).

Ce fut au milieu de ces complications pour lesquelles la main de l'intendant de la Barre ne fut probablement pas trouvée assez ferme que Claude Pellot fut envoyé en Dauphiné. Nous avons signalé son caractère violent et absolu; mais ces défauts furent considérés comme des qualités propres à surmonter les résistances. A peine installé, le nouvel Intendant se donna pleine carrière, persuadé qu'il dompterait le mécontentement par ses rigueurs. Tout au contraire comme le mécontentement provenait de légitimes griefs, il eut exigé, pour être calmé, de la douceur habilement unie à de la fermeté. La situation très tendue se

---

(1) Voy. au sujet de la politique étrangère du cardinal Mazarin nos deux ouvrages : *Souvenirs du règne de Louis XIV* et *Richesses du palais Mazarin*.

traduisait par des refus de payer les impôts, par la désertion des villages, afin de se soustraire aux poursuites des collecteurs, par une recrudescence de la propagande protestante accueillie comme un mode d'opposition; aussi les immunités accordées par l'Edit de Nantes furent outrepassées (1). La barque qui portait Pellot vint se heurter contre ces écueils.

Les populations avaient cru obtenir l'exemption de la charge exorbitante du quartier d'hiver au moyen d'une taxe consentie pour les en délivrer; mais cette taxe n'avait fait qu'ajouter un impôt nouveau sans que le quartier d'hiver eut été complètement supprimé. De plus, les troupes traversant la province, soit pour aller en Italie, soit pour en revenir, créaient, par leurs étapes, une charge continuelle sans aucune atténuation. Ces griefs trouvaient leur appui dans le parlement de Grenoble, fort porté, comme le parlement de Paris, à saisir les occasions de s'immiscer dans les affaires publiques; cette opposition du parlement ajoutait une aggravation aux difficultés pendantes.

Ce corps s'était mis en veine de faire des actes de gouvernement; il venait de décréter une surtaxe sur les marchandises de Provence, de Languedoc, d'Espagne et du Levant dirigées sur Lyon, qui étaient obligées, aux termes d'une ordonnance royale de 1621, de passer par Valence pour y acquitter des droits. Cette surtaxe se trouvait propre à accroître la popularité que recherchait le parlement puisque le Dauphiné ne pouvait en être que faiblement atteint et qu'au contraire le produit de cette surtaxe créait une ressource qui eut permis de dégrèver d'autant cette

(1) Voy. les *Mémoires de Daniel de Cosnac*.

province des charges qu'elle avait à supporter. Mais ce qui était profitable aux intérêts du Dauphiné était préjudiciable aux intérêts du commerce en général et de l'Etat lui-même, aussi Claude Pellot, conformément à ses instructions, fit son début en rendant une ordonnance contraire à l'ordonnance du Parlement. Les deux conseillers de Ponteras et de Vaux, qui s'étaient rendus à Valence pour appliquer la surtaxe, se trouvèrent paralysés dans leur mission ; ils furent alors, avec le président de Saint-Julien, députés vers le roi pour lui adresser de très humbles remontrances contre l'ordonnance de l'Intendant que le Parlement qualifiait d'entreprise sur sa juridiction. Le roi ne pouvait avoir pour agréable une semblable députation, aussi ses membres reçurent-ils, comme punition, une lettre de cachet les obligeant à demeurer à la suite de la cour (1). Il ne paraît pas que les deux conseillers de Ponteras et de Vaux aient été retenus longtemps, car leurs noms ne sont pas compris au nombre de ceux d'autres conseillers, également frappés par une lettre de cachet, dont l'évêque de Valence obtint dans la suite le retour à Grenoble, mais le président de Saint-Julien, qui s'était compromis davantage, ne put obtenir son retour qu'après de longues et difficiles démarches, ainsi qu'on le verra plus loin. A ce premier conflit vint se joindre un second.

Pellot avait reçu des ordres formels de tirer du Dauphiné le plus d'argent possible afin de pourvoir à la subsistance des troupes ; une somme de soixante douze mille livres devait être notamment affectée aux garnisons de Pignerol et de Pérouse, et il devait fournir au duc de

(1) Fait tiré du Livre rouge du parlement de Grenoble. Voy. les *Mémoires sur Claude Pellot*, par M. O'Reilly.

Modène tous les subsides que ce prince pourrait réclamer (1) ; il devait apporter tous ses soins au rétablissement de l'infanterie et de la cavalerie, particulièrement de la première jugée plus nécessaire, et de plus avertir les officiers qui ne tiendraient pas leurs compagnies au complet que l'argent reçu par eux leur serait réclamé (2). Afin de subvenir aux dépenses que nécessitaient de tels ordres, une nouvelle taxe de trois cent mille livres fut décretée sur le Dauphiné. Le Parlement refusa d'enregistrer l'édit royal ordonnant cette taxe, et Pellot passa outre à la perception. Après cet acte de mépris, l'Intendant ne craignit pas de se rendre au Parlement sans s'y être fait préalablement annoncer, il y fut si mal reçu qu'il fut obligé de se retirer sans y avoir pris séance. Ce corps irrité rendit un arrêt, en date du 21 juillet 1657, portant que jusques au jour où il aurait reçu satisfaction, il était défendu, sous peine d'interdiction de leurs charges, à tous présidents, conseillers et gens du roi d'entretenir aucuns rapports avec l'Intendant, soit par visites ou autrement. Sur ce nouvel arrêt, les conseillers de Pisançon et de Bressac furent mandés à la suite de la cour.

L'évêque de Valence, Daniel de Cosnac, s'était tenu en dehors de ces événements ; mais, au mois de février 1658, son intervention fut réclamée. Il partait de Valence pour Paris appelé par les instances du cardinal Mazarin pour lui faire acheter la charge de premier aumônier de Monsieur, frère du roi ; il prit son chemin par Grenoble, où il s'arrêta, et fut reçu par le Parlement avec une civilité

(1) Lettre inédite du cardinal Mazarin à Pellot, 25 janvier 1657. *Mêmes archives.*

(2) Lettre inédite du même au même, Sainte-Menehoud, 30 avril 1657. *Mêmes archives.*

extrême (1). La figure qu'il faisait à la cour, le crédit dont il jouissait auprès de la reine-mère et du cardinal, n'étaient pas étrangers à cet accueil empressé, le parlement voyant dans le prélat un intermédiaire dont il pourrait utilement se servir pour calmer les différends et obtenir le rappel des conseillers. Cette mission fut acceptée par l'évêque de Valence qui reprit sa route pour se rendre à la cour. A quatre lieues de Grenoble, il fit la rencontre de l'Intendant qui l'attendait au passage. Claude Pellot voulait aussi utiliser à son profit le crédit du prélat. Sa situation était devenue très difficile, l'exaspération des populations contre lui était parvenue à un tel point, qu'il redoutait que sa vie même ne fût en danger, et il n'aurait osé rentrer dans la ville de Grenoble. Dès le mois de février, il en avait fait même partir sa femme qui était enceinte ; il l'avait envoyée à Lyon auprès de sa mère, et de sa sœur, Anne Pellot, mariée à Paul Mascrany. Le prélat était entré dans les meilleures relations avec l'Intendant pendant un séjour que celui-ci avait fait à Valence, il ne lui refusa pas le concours et l'appui qu'il réclamait. L'évêque de Valence se trouva donc chargé d'une double mission ; elle devait naturellement le conduire à tenter la conciliation des deux parties, mais elle le plaçait dans une situation délicate, en l'exposant à des soupçons de partialité de la part de l'une ou de l'autre de ces parties. Précisément il en fut ainsi : le Parlement éprouva la crainte que cette entrevue, dont il fut informé, ne tournât à son désavantage, et il conçut des préventions d'autant plus injustes que le prélat s'attacha à remplir avec impartialité la tâche difficile de réconcilier les deux parties. Cette fin

(1) Voy. les *Mémoires de Daniel de Cosnac.*

semblait d'autant plus improbable, qu'après le départ du Dauphiné de l'évêque de Valence, la situation s'était aggravée encore ; un valet de pied du roi qui y était allé porter des ordres, faillit même être jeté dans la rivière par une troupe de séditieux (1).

Claude Pellot se trouvait acculé dans la situation la plus critique ; et cherchant les moyens d'en sortir, il écrivit au cardinal Mazarin qu'il y avait deux voies entre lesquelles il fallait faire un choix, ou l'extrême rigueur en envoyant des troupes à Grenoble ; ou la douceur qui calmerait tout peut-être ; mais que pour l'emploi de ce second moyen, il fallait s'adresser à l'évêque de Valence ; voici sa lettre :

« Monseigneur,

« Comme je vois qu'il faut terminer promptement le cours des brouilleries dans cette province d'une manière ou d'autre et qu'il n'y a que deux voies pour cela, celle de pousser les affaires et d'envoyer des gens de guerre à Grenoble, et l'autre de porter les choses dans un accommodement, j'oserai dire à Votre Eminence que je trouve la première sûre dans son effet, sans aucunes suites, ni conséquences, qu'elle rétablira l'autorité de Sa Majesté dans ces pays, et sera fort propre pour lui tirer des secours, et que la deuxième est fort incertaine dans ce qu'elle produira.

« Si néanmoins on veut la prendre, je croirois, Monseigneur, que l'on pourroit se servir pour cet effet de M. l'évêque de Valence et l'envoyer en poste à Grenoble. Il a les qualités nécessaires, il est très intelligent, il a du crédit dans la province, ayant des dix villes quatre dans son

(1) Voy. les *Mémoires de Daniel de Cosnac.*

diocèse ; il y en a deux desquelles il est seigneur ; et, en outre, c'est qu'il sera très agréable au pays, puisqu'il l'a prié de s'entremettre pour lui. Je l'accompagnerois et lui aiderois à faire les choses au plus d'avantage qu'il se pourroit pour le service du Roi. J'écris le particulier de tout ce qui s'est passé et de tout ce que je connois sur ce sujet à M. Le Tellier auquel je me remets, ne voulant pas abuser davantage de votre patience.

« Je suis toute ma vie,

« Monseigneur,

de Votre Eminence,

le très humble, très obéissant et très fidèle serviteur

« PELLOT.

« A Valence, ce 13ᵉ mars 1658 (1). »

Le caractère de Pellot se révèle tout entier dans cette lettre ; entre les deux moyens qu'il propose, celui de la violence a toutes ses préférences, il le trouve sans inconvénients et l'apprécie comme propre à procurer plus d'argent ; si le ministre adoptait le moyen de la douceur, il s'y rangerait sans doute, mais avec peu de confiance dans ses résultats, et se sentant impropre à entrer dans une voie incompatible avec sa nature, il désigne l'évêque de Valence aux qualités duquel il rend du reste toute justice, comme seul capable de réussir (2). Il a l'adresse de se réserver d'accompagner le prélat, en sorte que le succès de celui-ci serait encore le sien.

---

(1) Lettre inédite. *Mêmes archives.*

(2) Il est probable que l'évêque de Valence n'eut jamais connaissance de cette lettre de Pellot ; rien du moins ne l'indique dans ses *Mémoires*.

Une autre lettre de Pellot au cardinal Mazarin signale à quel point il était urgent de prendre un parti : des placards insurrectionnels étaient affichés à Grenoble, des troubles violents avaient surgi à Voiron et au Buis ; les commis étaient mis dans l'impossibilité de procéder à la perception des impôts.

L'Intendant se rendit sur les lieux, secondé par M. de la Tivolière, seigneur de Voiron ; il fit arrêter les meneurs, et force resta à l'autorité. Dans ces moments critiques, l'absence du duc de Lesdiguières, gouverneur de la province, était remarquée ; Pellot s'en plaignait avec amertume parce que sa présence eut sanctionné ses mesures de rigueur. C'était précisément pour éviter l'apparence même d'une adhésion à ces mesures que le duc de Lesdiguières s'était éloigné (1) ; au lieu de vouloir en être l'oppresseur, il se considérait comme le protecteur né du Dauphiné.

Un président au Parlement de Grenoble, M. de Simiane de la Coste, crut, dans ces graves circonstances, pouvoir adresser des représentations au cardinal Mazarin en lui retraçant un navrant tableau des souffrances du Dauphiné appauvri par la cessation du commerce et le renchérissement des denrées, succombant sous le poids des taxes publiques et des exactions des gens de guerre. Il rapportait qu'un attroupement de sept ou huit centshommes s'était porté devant le palais du Parlement réclamant à grands cris des informations contre les auteurs de tous ces maux et qu'il n'avait pu, avec l'aide des consuls, calmer l'émeute qu'en promettant d'assembler les chambres du Parlement pour décréter les informations demandées (2).

---

(1) Voy. les *Mémoires de Daniel de Cosnac.*

(2) Lettre inédite du 24 mars 1658. *Mêmes archives.*

Une lettre datée du même jour fut adressée au cardinal par le Parlement lui-même (1).

M. de Simiane, en convoquant les chambres du Parlement, suppléait le premier président, M. de la Berchère, qui était parti pour la cour afin de soutenir les intérêts de sa compagnie et ceux du Dauphiné. Les chambres assemblées décrétèrent les informations. Cet arrêt frappait l'Intendant d'un coup sensible ; il en exhala ses plaintes en écrivant au cardinal qu'il était évident que le Parlement n'avait pas été assez humilié par les mesures prises à l'égard de plusieurs de ses membres, puisqu'il venait encore de commettre un acte audacieux et d'essayer, pour le justifier, de se couvrir de la nécessité de calmer l'émotion populaire ; il terminait en disant que le peuple était bien moins à craindre que ne l'était le Parlement (2).

Cette lettre de Pellot n'était pas faite pour faire bien accueillir par le cardinal Mazarin la lettre du président de Simiane, aussi lui adressa-t-il cette réponse menaçante :

« Paris, 4e avril 1658.

» Monsieur, j'ai vu ce que vous m'avez écrit du 24e de mars. Le Roy n'est nullement satisfait de la conduite de votre compagnie ; elle est cause que ne pouvant faire de réponse à sa lettre qui lui fut agréable, je ne lui en fais aucune ; mais je vous assure que Sa Majesté saura bien y remédier, et s'il est besoin pour cet effet d'aller en personne à Grenoble, elle n'y hésitera pas. Je ne doute pas que vous ne voyez avec regret le mauvais pas où s'engage

---

(1) *Mêmes archives.*

(2) Lettre inédite datée de La-Coste-St-André, 29 mars 1658. *Mêmes archives.*

ladite compagnie, étant zélé comme vous êtes pour le service du Roy. Aussi devez-vous croire qu'il fera toujours grande différence entre vous et ceux qui font si mal leur profit du bon exemple que vous leur donnez et qu'en mon particulier je suis autant qu'il se peut, Monsieur, votre très affectionné à vous faire service (1). »

Pellot, suivant la pente de son caractère, continuait ses actes de rigueur qui provoquaient la sédition; il avait fait arrêter les plus mutins qu'il faisait conduire pour la plupart sous bonne escorte à Valence. Au nombre des personnes arrêtées se trouvait une femme qui avait sonné le tocsin, Pellot la jugea sur place; nous arriverons bientôt aux détails de cette grave affaire.

Pendant le cours de ces événements, l'évêque de Valence s'efforçait de poursuivre auprès du cardinal Mazarin sa mission d'apaisement; mais le premier ministre, fort irrité, paraissait peu disposé à souscrire à ses instances. Les démarches du prélat aboutirent cependant à un tempérament qu'il passe sous silence dans ses *Mémoires*, où il traite plus au point de vue des personnes qu'au point de vue des affaires cet épisode de l'histoire du Dauphiné. Nos documents nous permettent de suppléer à bien des lacunes. Ce tempérament consistait dans la faculté donnée à Pellot de réduire à deux cent mille la taxe de trois cent mille livres, pourvu que, de la part des contribuables, tous obstacles cessassent à son recouvrement (2). Cette concession arrachée par la nécessité ne fit qu'accroître la rancune du cardinal contre le Parlement. Il ne manqua

(1) Minute. *Mêmes archives.*

(2) Minute d'une lettre inédite du cardinal Mazarin à Pellot, Paris, 4 avril 1658. *Mêmes archives.*

pas l'occasion de la manifester. Vers la fin du mois d'avril, partant pour Amiens avec la cour, il fit donner ordre de suivre aux conseillers mandés à Paris ; cet ordre mettait ceux-ci au désespoir en raison des fatigues et des dépenses qu'ils seraient obligés de supporter. L'évêque de Valence voulut encore venir à leur secours ; il se rendit à Amiens et entreprit auprès du cardinal de nouvelles démarches qui aboutirent à la permission donnée à ces conseillers de rester à Paris (1). De plus, le prélat avait conféré avec le cardinal des moyens de faire cesser l'agitation du Dauphiné. Le cardinal, dans l'esprit duquel les considérations d'argent dominaient toutes les autres, jugea que les conjonctures pouvaient lui permettre d'atteindre ce but en évitant de sacrifier les cent mille livres que Pellot était autorisé à retrancher de la taxe. Il proposa au prélat d'accorder aux conseillers leur retour en Dauphiné, à la condition que leur Parlement userait de son influence pour faire accepter la taxe de trois cent mille livres par la ville de Grenoble, ne doutant pas que l'exemple donné par sa capitale ne fût suivi par toute la province. L'évêque de Valence alla rejoindre à Paris les conseillers exilés pour leur faire part de ces ouvertures; mais ceux-ci récusèrent leur concours, se considérant dans l'impuissance d'obtenir de leur Parlement une volte-face si contraire à la conduite qu'il avait tenue jusque-là.

L'évêque de Valence s'aperçut donc qu'aucun résultat ne serait atteint s'il ne se rendait de sa personne à Grenoble pour convaincre le Parlement. Des intérêts personnels l'engageaient cependant à prolonger son séjour à Paris, il était en négociation avec M. de Bassompierre, évêque de

(1) Voy. les *Mémoires de Daniel de Cosnac*.

Saintes, pour acheter de lui la charge de premier aumônier de Monsieur, frère de Louis XIV. Cette lettre du cardinal Mazarin vint l'y trouver :

« D'Huisse, 16 mai 1658.

« Monsieur (1), j'ai dit à Monsieur Le Tellier de faire donner de l'argent pour la levée des quatre cents hommes de recrue du régiment de Monsieur votre frère (2), et je ne doute pas qu'il n'y aît pourvu.

« Je suis bien aise que vous vous disposiez à vous rendre au plutôt en Dauphiné et à joindre vos soins à ceux du sieur Peilot pour l'avancement du service du Roi. Vous savez ce que je vous ai dit pour les affaires de ce pays là. Il est juste que le Parlement et la province fassent le premier pas en obéissant aux ordres de Sa Majesté. Après cela, je m'emploierai de tout mon cœur afin que l'un et l'autre se ressentent des effets de la bonté du Roi ; mais je vous conjure de rechef de faire humainement tout ce que vous pourrez afin que ledit sieur Pellot puisse remettre au plus tôt une somme notable à Lyon, car à moins que nous n'ayons promptement ce que le Dauphiné doit donner qui est, comme vous savez, destiné aux dépenses de l'armée d'Italie, il faut que cette armée là et toutes les affaires du Roi en Italie périssent absolument.

---

(1) Le titre de Monseigneur ne commença à être donné aux évêques que vers le milieu du règne de Louis XIV.

(2) Armand, marquis de Cosnac, frère aîné de l'évêque de Valence, était mestre de camp du régiment de Cosnac, infanterie, qui était employé à l'armée d'Italie et qui fut réformé après la paix des Pyrénées. Nous avons publié dans notre deuxième *Supplément* aux *Mémoires de Daniel de Cosnac*, divers documents sur ce régiment, tirés des *Archives du Ministère de la guerre*.

« J'ai écrit de bonne sorte au sieur Pellot que sans qu'il soit besoin de vous envoyer d'autres lettres pour lui, il ne manque pas de faire entière confiance en vous et sera ravi des assistances que vous voudrez bien lui donner pour faire réussir d'autant mieux les affaires de Sa Majesté. Je suis... (1). »

Quels que fussent les motifs personnels qui engageaient l'évêque de Valence à prolonger son séjour à Paris, cette lettre du cardinal Mazarin ne pouvait plus lui permettre de différer un instant son départ. Après la double mission que lui avaient confiée le Parlement et l'Intendant du Dauphiné, la troisième mission que lui confiait le tout puissant ministre était aussi impérative que flatteuse. L'espoir des arrangements conciliants était remis entre ses mains; le ministre comptait sur lui encore pour la prompte remise à Lyon d'une somme indispensable au bien des affaires de l'Etat; enfin l'impopularité de l'intendant Pellot était placée sous sa protection. Si cette mission était flatteuse, elle était en même temps singulièrement scabreuse; il paraissait bien difficile de ramener à la soumission un Parlement révolté, n'ayant à lui apporter aucune concession, aucune satisfaction à ses griefs, et seulement la promesse de mettre un terme aux rigueurs exercées en la personne de plusieurs de ses membres. Bien loin de rien céder au sujet de l'allègement des impôts, le ministre prétendait même revenir sur l'abandon des cent mille livres auquel l'Intendant avait été secrètement autorisé; il

(1) Minute d'une lettre inédite du cardinal Mazarin à l'évêque de Valence. *Archives des Affaires étrangères*. Daniel de Cosnac a donné dans ses *Mémoires* une partie de cette lettre; les *Archives* où nous l'avons trouvée nous ont permis de la reproduire en entier.

voulait arriver, sans aucune réduction, au recouvrement de la taxe entière de trois cent mille livres.

L'évêque de Valence ne se sentit cependant pas découragé par les difficultés en apparence insurmontables qui se dressaient devant lui. Dès son arrivée à Grenoble, il fit assembler le Parlement et le Conseil de la ville, et il les harangua avec une si persuasive éloquence que, par un irrésistible entraînement, ils votèrent des résolutions toutes contraires à celles qu'on eût pu attendre de leur précédente conduite. Ils décidèrent que la ville de Grenoble donnerait l'exemple du paiement de sa part de la taxe de trois cent mille livres, exemple qui ne pouvait manquer d'entraîner la province toute entière.

L'évêque de Valence s'empressa d'informer le cardinal Mazarin d'un résultat aussi heureux qu'inespéré, en lui rappelant sa promesse du retour des exilés.

Effectivement, au bout de peu de jours, Le Tellier annonça à l'évêque de Valence la réalisation de cette promesse par une lettre ainsi conçue :

« Monsieur, le Roi m'a commandé de vous faire savoir que, par l'entremise de Son Eminence, il a trouvé bon d'accorder à MM. les Président et Conseillers du Parlement de Grenoble qui sont à Paris, la liberté de se retirer chez eux et d'exercer leurs charges, parce que, comme cette résolution a été prise en suite de ce que vous avez fait de delà, il est sans doute que ce n'est pas ce qui y a le moins contribué. Les lettres de Sa Majesté, nécessaires pour cela, leur ont été envoyées ; il ne tiendra qu'à eux de se rendre, quand ils voudront, dans la province. Je suis... (1). »

(1) Daniel de Cosnac a inséré cette lettre dans ses *Mémoires*.

L'évêque de Valence avait eu d'autant plus de mérite à remporter ce complet succès qu'un rapport dressé par Servien et Fouquet, conforme à l'avis du chancelier Séguier, rapport envoyé au cardinal, aboutissait à cette conclusion que si les conseillers de Pisançon et de Bressac pouvaient être autorisés à retourner à Grenoble, il n'en était pas de même du président de Saint-Julien qui avait constamment prouvé par sa conduite l'esprit le plus rebelle. Ce rapport est conçu en ces termes :

« Monseigneur,

« Suivant l'ordre qu'il plut à Votre Eminence nous laisser le jour de son départ, nous avons soigneusement examiné avec Monsieur le Chancelier ce qui peut être fait raisonnablement à l'égard des officiers du Parlement de Grenoble qui sont ici par ordre du Roi ; et ayant considéré qu'il y a très juste sujet en suite des résolutions que Sa Majesté a ci-devant prises, de faire différence entre le Président qu'on a trouvé en toutes rencontres contraire aux intentions et aux intérêts de Sa Majesté, qui a délibéré et fait délibérer dans la compagnie s'il obéirait aux ordres, et qui, après avoir différé longtemps, bien loin d'y satisfaire et de se rendre à Moulins où même il avait été réservé de le faire arrêter, s'en est venu droit ici sans permission de Sa Majesté, au lieu que les deux Conseillers qui dans les dernières occasions n'ont été coupables d'aucune action qui puisse être blâmée, ont pris la poste à l'heure même que la volonté de Sa Majesté leur a été connue, pour se rendre à suite et faire éclater leur obéissance. Nous avons estimé, sous le bon plaisir de Votre Eminence, que l'on pourrait envoyer au premier une lettre de cachet pour lui ordonner d'attendre en cette ville le retour de Sa Majesté, sans désemparer, et faire savoir aux deux Conseillers, par la bouche de Monsieur le Chancelier, qu'elle leur permet de retourner faire la fonction de leurs charges sur l'assurance qu'ils s'employeront désormais de tout leur pouvoir à faire réussir les affaires de Sa Majesté, dont on prendra toutes les sûretés possibles. Si Votre Eminence approuve cette proposition, elle aura pour agréable d'en faire expédier les ordres du Roi par M. Le Tellier et nous les adresser. Et la présente n'étant pour autre sujet, nous continuerons à prier Dieu qu'il lui plaise d'augmenter ses grâces envers Votre Eminence et qu'il lui donne pendant une longue suite d'années toutes sortes de prospérités. Ce sont les vœux continuels,

Monseigneur, de

Vos très humbles, très obéissants et très obligés serviteurs,

SERVIEN. FOUQUET.

A Paris, le 25e mai 1658 (1). »

En définitive, dans cette négociation, l'évêque de Valence avait réussi à sauvegarder intact le principe de l'autorité, puisque le Parlement de Grenoble, acceptant le point capital du paiement de l'impôt, n'avait obtenu comme satisfaction que deux promesses : celle du retour des exilés et celle du soulagement de la province dans l'a-

(1) Document inédit. *Mêmes archives.*

venir. Aussi le Parlement, le premier moment de séduction passé, garda-t-il toujours au prélat quelque rancune de l'avcir si habilement amené à la soumission.

L'évêque de Valence rendit compte au cardinal Mazarin de son succès par la lettre suivante :

« Monseigneur,

« J'ai proposé à Messieurs du Parlement tout ce qu'il avait plu à V. E. de me dire, et comme elle ne pouvait pas leur donner sa protection auprès du Roi qu'ils n'eussent fait le premier pas en obéissant aux ordres de Sa Majesté ; ensuite de ma proposition, toutes les Chambres s'assemblèrent hier et résolurent d'un commun consentement de contribuer de tout leur pouvoir afin de faire obéir le Roi, et témoigner en tout leur soumission et leur obéissance ; et, pour cet effet, pour donner exemple à toute la province, ils ont obligé la ville de Grenoble à payer ce qu'elle doit, tant des deux cent mille livres du quartier d'hiver que l'avance des tailles de la présente année. Ainsi, Monseigneur, tout l'argent que le Roi veut retirer de cette province se payera sans aucune peine et promptement, n'y ayant point de lieu dans cette province qui y apporte obstacle après l'exemple de la ville capitale, et après la haute et publique déclaration que le Parlement a faite de faire obéir Sa Majesté ; c'est le sentiment de M. Pellot qui me dit que si je pouvais obtenir du Parlement ce que j'en ai obtenu, il achèverait la recette sans peine et sans troupes ; mais que sans cela il lui serait impossible.

« J'ai obtenu tout ce que j'ai voulu, et non-seulement le Parlement a contribué à faire exécuter les ordres du Roi en cette ville, mais encore chaque particulier a envoyé dans ses terres et dans les lieux où ils ont du pouvoir pour leur faire suivre l'exemple de Grenoble et payer ce qu'ils doivent. Il ne s'est jamais vu une plus entière obéissance ni une plus digne de mériter la protection de V. E. Ils m'ont député deux conseillers de la Grande Chambre et le procureur général pour me prier d'assurer V. E. de la part de tout le corps, que comme ils ont eu dans les temps les plus difficiles un respect tout particulier pour Votre personne, ils le conserveront aussi toujours, et qu'il n'y a point de Parlement en France qui ait été plus fidèle au Roi, ni plus attaché à V. E. que celui de Grenoble et qu'ils conserveront toujours les mêmes sentiments. En vérité, Monseigneur, ce sont de bonnes gens, et si on les avait un peu plus ménagés dans les commencements, on y aurait trouvé toute sorte de satisfaction. Je n'ai point fait difficulté, les voyant dans l'obéissance, de promettre votre protection, et de leur faire espérer que V. E. leur procurerait des effets de sa bonté ordinaire, et je ne doute pas que V. E. ne dégage ma parole, puisqu'elle m'a fait la grâce de me le dire et de me l'écrire. Le retour de leurs confrères, le congé des troupes qui restent, ne les jugeant pas nécessaires, et quelques marques d'affection achèveront de vous assurer tous les cœurs. Je lui demande très instamment ces grâces le plus promptement qu'il lui sera possible, parce que je perdrais le crédit et la confiance qu'on a en moi, et les veux conserver, Monseigneur, pour vous servir dans les occasions qui se présenteront ; toutes ces grâces ne peuvent que servir aux affaires du Roi, et je suis caution que V. E. n'en recevra que de la satisfaction.

« Je me dispose à aller dans tous les lieux où il y aurait de la difficulté pour le paiement, voulant toujours témoigner à V. E. que je suis plus véritablement et avec plus de respect que personne du monde,

Monseigneur,

de Votre Eminence,

le très humble, très obéissant et très obligé serviteur,

Daniel De Cosnac,

E. et Cte de Valence et de Die.

A Grenoble, le 2 juin 1658 (1).

Ces résultats que Pellot, ainsi qu'il en avait fait l'aveu lui-même, ne fût jamais parvenu à obtenir sans l'intervention de Daniel de Cosnac, constituaient pour le prélat un véritable triomphe ; et, en réalité, il fut loin d'avoir sacrifié les intérêts du Dauphiné, puisque la cour, ainsi qu'il ressort de sa lettre, ne voulant pas abuser du succès, du moment qu'une soumission sans réserve était promise, réduisit à deux cent mille livres la taxe d'exemption du quartier d'hiver. L'exemple donné par la ville de Grenoble avait été suivi sans difficulté par toute la province. Le Parlement, fasciné par la persuasive éloquence du prélat, s'était même empressé d'envoyer une députation à la cour. Quelques résistances partielles se manifestaient encore dans la province, mais l'évêque de Valence se proposait d'aller lui-même sur la brèche pour en obtenir raison.

Claude Pellot, dans son rapport au cardinal Mazarin, constata les heureux résultats si promptement obtenus ; nous ne connaissons pas ce rapport, mais la réponse suivante qu'il reçut du cardinal nous initie à ce que devait être son contenu :

---

(1) Lettre inédite. *Mêmes archives.*

« De Calais, le 19 juin 1658.

« Monsieur, j'ai vu avec beaucoup de satisfaction ce que vous me mandez du bon état où toutes choses commencent à se mettre en Dauphiné. Je vous prie de continuer à agir avec les mêmes soins que vous avez fait jusques ici, et cependant de faire payer promptement les huit mille pistoles que Monsieur Le Tellier vous mande être destinées à l'armée d'Italie. Sur quoy je me remets à ses dépêches, vous confirmant que vous pouvez vous fier à Monsieur de Valence, lequel vous assistera en tout ce qui lui sera possible. Je crois que d'ailleurs la nouvelle du gain de la bataille des Dunes, proche de Dunkerque, ne vous sera pas un petit renfort pour vous aider à surmonter toutes les difficultés. Cependant, je demeure... (1). »

Le même jour, le cardinal Mazarin adressa à l'évêque de Valence cette lettre de félicitations :

« De Calais, le 19 juin 1658.

« Monsieur, je ne puis que louer votre zèle et votre bonne conduite dans tout ce que vous avez fait pour le service du Roi avec ces Messieurs de Dauphiné, que j'ai encore mieux reconnu par les lettres de Monsieur Pellot que par les vôtres. Vous ne devez point douter que je ne satisfasse à la parole que je vous ai donnée à l'égard du Parlement de Grenoble, pourvu qu'on y fasse ce qui se doit pour le service de Sa Majesté, d'autant plus que c'est une compagnie que j'ai toujours estimée et considérée ; mais il eût été bon que vous eussiez obligé Monsieur Pellot à écrire en conformité de ce que vous me mandez là-

(1) Minute d'une lettre inédite. *Mêmes archives.*

dessus, car Sa Majesté ne prendra aucune résolution sur le sujet des exilés qu'elle n'aît reçu par lui l'état des choses.

« Je vous prie de hâter Monsieur votre frère à remettre son régiment et me mander quand il sera prêt, car Monsieur de Mercœur a déjà ordre de partir pour Catalogne. Je suis... (1). »

Evidemment Pellot gardait rancune au Parlement et dépeignait ses tendances sous de fâcheuses couleurs, puisque la promesse faite à l'évêque de Valence au sujet du retour des exilés était ajournée; mais, sur la lettre du cardinal, le prélat dut presser l'Intendant d'apporter des modifications à ses dispositions malveillantes. Par suite, M. de St-Julien reçut l'autorisation de se rendre aux eaux, et les conseillers de Pisançon et de Bressac celle de revenir à Grenoble, ainsi que le témoignent les deux lettres suivantes, la première adressée à M. de Saint-Julien, la seconde à M. de la Berchère :

« De Calais, 22 juin 1658.

« Monsieur,

« J'ai obtenu de Sa Majesté la permission que vous désiriez pour pouvoir aller aux eaux, ainsi que M. Le Tellier vous aura déjà pu faire savoir. A mesure que l'obéissance de votre compagnie aux volontés du Roi, et les progrès des soins qu'elle apporte à l'exécution de ses ordres me donneront lieu de m'employer plus utilement pour vous, je redoublerai mes offices afin de vous procurer une entière satisfaction, désirant vous témoigner que je suis avec estime.. .... (2) »

---

(1) Minute. *Mêmes archives.* — Daniel de Cosnac a donné dans ses *Mémoires* un fragment incomplet de cette lettre.

(2) Minute d'une lettre inédite du cardinal Mazarin à M. le président de Saint-Julien. *Mêmes archives.*

« De Bergues, 29 juillet 1658.

« Monsieur,

« Vous avez eu raison de croire que quand je n'aurais pas beaucoup de considération pour votre entremise, il me seroit bien difficile de rien refuser dans une conjecture aussi favorable que la convalescence du Roi, aussi ai-je pris ce temps-là pour demander à Sa Majesté le rappel des conseillers qui avoient été éloignés du Parlement de Dauphiné qu'elle leur a accordé et on en envrra les expéditions, Sadite Majesté s'assurant qu'ils tiendront à l'avenir une conduite dont elle aura sujet d'être satisfaite, et je vous prie de croire que je le serai toujours beaucoup en mon particulier, quand je vous pourrai témoigner à quel point je suis.... (1) »

L'exception dont avait été frappé le président de Saint-Julien fut levée ; en témoignage de réconciliation, le parlement reçut du cardinal la lettre qui suit :

« De Bergues, le 29 juillet 1658,

Messieurs,

Si le zèle que vous avez pour le bien de l'Etat vous a donné de la joie des bons succès des armes du Roi dans la bataille et la prise de Dunkerque, elle aura encore été augmentée par la prise de Bergues, Furnes et Dixenude, qui sera bientôt suivie de quelque autre plus considérabie. Mais cette joie sans doute ne sera pas comparable à celle que vous aurez ressentie de l'entier recouvrement de la santé du Roi, après l'avoir vu quasi désespérée. J'ai pro-

---

(1) Minute d'une lettre du cardinal Mazarin à M. de la Berchère, premier président du parlement de Dauphiné. *Mêmes archives.*

fité de cette conjecture pour demander à Sa Majesté le retour de vos confrères auquel elle a consenti, s'assurant que leur conduite marquera à l'avenir la reconnaissance qu'ils auront de la grâce qu'elle leur accorde, et on enverra au premier jour les expéditions. J'embrasserai avec plaisir toutes les autres occasions que vous me fournirez de vous servir et de vous témoigner que je suis avec beaucoup d'estime en général et en particulier..... (1) »

Le président de Saint-Julien ne reçut cependant pas en même temps que ses confrères l'autorisation de revenir à Grenoble ; mais ce fut, paraît-il, le résultat d'une erreur, ainsi qu'il résulte de ce passage d'une lettre du cardinal Mazarin : « Ce n'est que par une équivoque qu'il n'a pas reçu son rétablissement en même temps que ses confrères qui étaient à Paris, Sa Majesté étant bien persuadée de sa conduite à l'avenir. (2) »

Le duc de Lesdiguières s'était ému de l'exception apparente dont était l'objet le président de Saint-Julien, il en avait écrit au cardinal qui lui fit cette réponse :

« De Calais, le 26 août 1658,

« Monsieur, avant que je reçusse la lettre que vous avez pris la peine de m'écrire, on avoit déjà donné les ordres pour laisser la liberté à M. le comte de Clermont et à Monsieur de Saint-Julien de s'en retourner en Dauphiné, et je mande encore à Paris que l'intention du Roi est qu'ils soient exécutés sans délai, de sorte qu'il ne s'y rencontrera je m'assure, aucune difficulté, et vous reconnoîtrez en cela comme en toute autre chose que je suis passionnément..... (1). »

---

(1) Minute d'une lettre inédite. *Mêmes archives,*

(2) Minute d'une lettre inédite, datée de Calais, 26 août 1658. *Mêmes archives.*

(1) Minute d'une lettre inédite. *Mêmes archives.*

L'évêque de Valence venait de rendre de trop signalés services pour que la cour ne songeât pas à lui en témoigner sa gratitude et à le rémunérer des dépenses de ses voyages et de ses séjours à Grenoble. Le roi lui donna une pension de quatre mille livres à prendre sur le produit des tailles du Dauphiné. La régularité que Colbert sut introduire plus tard dans l'administration des finances n'existait pas alors, il s'en suivit que cette pension ne lui fut payée que la première année, les intendants qui succédèrent à Pellot n'ayant pris nul souci d'acquitter le don royal. Un don du roi plus effectif dans ses résultats fait à l'évêque à la même occasion fut celui de seize mille livres à prendre immédiatement sur la province de Dauphiné à l'effet de rétablir l'église cathédrale de Die ruinée par les guerres de religion ; Daniel de Cosnac y ajouta vingt-quatre mille livres de ses revenus. Ces deux sommes réunies représenteraient deux cent mille francs de nos jours ; comme en outre la main d'œuvre était à bas prix, elles permirent de reconstruire cette église telle qu'on la voit actuellement (1).

Si la négociation de l'évêque de Valence avait été heureuse dans ses résultats pour le Dauphiné, Pellot, de son côté, en tirait de précieux avantages, puisque les accusations portées contre lui n'avaient pas été accueillies par la cour. Pellot pouvait donc se croire tout à fait triomphant ; il touchait cependant au moment de sa chute, elle fut la conséquence de l'excès qu'il avait apporté dans l'exercice de ses pouvoirs. Cet excès nous ramène à l'exécution de la femme condamnée à mort pour avoir excité une émeute

---

(1) Voy. sur cette reconstruction et sur l'épisode concernant Pellot et les troubles du Dauphiné les *Mémoires de Daniel de Cosnac*, t. I, p. 270 à 278, 439, 440.

et sonné le tocsin ; le parlement de Grenoble chercha et trouva dans cette affaire l'occasion d'une revanche contre l'Intendant.

La petite ville industrielle de Voiron, à six lieues de Grenoble, était habitée par une population turbulente de tisserands qui s'était émue plus qu'ailleurs des taxes imposées sur le Dauphiné. Une femme, plus ardente encore que les hommes, avait tumultueusement assemblé la population au son du tocsin ; le collecteur des taxes fut assailli et jeté en prison. Pellot, informé de ce désordre, était accouru avec la force armée ; il avait fait arrêter les principaux mutins en tête desquels se trouvait Sibille Pioche, femme de Gabriel Maiol, celle qui avait sonné le tocsin. Incontinent, en vertu du pouvoir exhorbitant conféré aux intendants, Pellot constitue un tribunal composé de gens à sa dévotion, tribunal qu'il préside lui-même et dont il est en réalité le seul juge ; il prononce une sentence de mort. La femme est pendue sur le champ ; cependant elle avait déclaré qu'elle était grosse, mais Pellot n'avait voulu rien entendre.

Que le fait de la grossesse de la femme Maiol fût vrai ou faux, cette exécution violente et si rapide eut un immense retentissement. Des hommes de l'art, déclarèrent, suivant leur conscience ou leur passion, car jamais le fait n'a été parfaitement éclairci, que la suppliciée était enceinte réellement.

Une requête (1) fut présentée au parlement contre l'In-

---

(1) Les documents concernant cette affaire ne se trouvent plus dans les registres du parlement de Grenoble, on les aura probablement fait disparaître ; mais M. O'Reilly a donné le texte de cette requête d'après un exemplaire imprimé de la bibliothèque de la ville de Grenoble. Nous y remarquons que les noms de la femme exécutée et de son mari sont différents de ceux que nous donnons d'après les documents des *Archives des affaires étrangères* que nous allons reproduire.

tendant, elle était rédigée en termes violents au nom du mari. Cette requête accuse l'escorte de Pellot d'avoir commis les plus odieux excès, et Pellot lui-même de n'avoir observé aucune forme de justice, falsifiant dans la rédaction les dépositions des témoins, changeant les juges qui se refusaient à opiner pour la mort, répondant à la femme qui se déclarait enceinte qu'eût-elle trente enfants dans le ventre, il fallait qu'elle mourût. Cette requête ajoute que sur le refus du bourreau de prêter son concours, l'Intendant avait fait pendre cette malheureuse par ses soldats ; puis, après fortes citations des Pères et des Conciles, ce document conclut à la demande d'une information faite par le parlement.

Le parlement de Dauphiné, saisi de cette requête le 27 février 1658, adressa au roi, le 7 avril seulement, une lettre (1) dans laquelle sont même aggravées les violences reprochées à Pellot dans la requête du mari de la femme exécutée. Cette lettre ajoute aux accusations que l'Intendant n'a pas fait davantage épargner les maisons des bourgeois et des gentilshommes, que celles des artisans ; que le pillage et le vol ont été commis sans obstacles. Aucune circonstance de la cruelle exécution n'est omise ; un fait est particulièrement mis en relief, celui d'une supplique des religieux Augustins qui sont venus se jeter aux pieds de l'Intendant pour lui demander la vie d'un petit innocent, supplique durement repoussée. Enfin la lettre déclare que le parlement a commis trois chirurgiens à l'abri du soupçon, comme étrangers à la localité, pour ouvrir le

(1) Cette lettre dont il n'existerait plus qu'un seul exemplaire imprimé a été également communiqué à M. O'Reilly par M. Gariel, bibliothécaire de la ville de Grenoble.

corps de la suppliciée et qu'ils ont constaté son état de grossesse.

Aucun document ne révèle qu'à la suite de la requête du mari et de la lettre au roi du parlement, ce corps soit allé au delà de la plainte dont il se fit l'écho, en rendant quelque arrêt contre Pellot. Sa propre situation encore compromise par sa récente résistance à la levée des taxes, l'engageait à la prudence et nous croyons pouvoir considérer comme erronnée l'information de Guy Patin écrivant à Spon, le 8 avril, que le parlement avait rendu un arrêt contre l'Intendant (1).

Pellot, afin de se justifier devant l'opinion de l'accusation dont il était l'objet, prescrivit lui-même une enquête, voici le texte de son ordonnance :

« Claude Pellot, seigneur de Port-David et de Sandars, conseiller du Roi en ses conseils d'Etat et privé, et maître des requêtes ordinaires de son hôtel, Intendant de la Justice, Police et Finances près les troupes en Dauphiné et commissaire départi en ladite province pour l'exécution des ordres de Sa Majesté :

« Sur l'avis à nous donné par diverses personnes mal affectionnées au service du Roi, pour fomenter les séditions et émotions populaires par une pure entreprise de juridiction, après l'exécution faite en la personne d'Ennemonde-Sybille Pioche, femme de Gabriel Maiol, au lieu de Voiron, condamnée pour émotion de sédition suivant les commissions et les ordres de Sa Majesté que nous en avons, ont fait faire ouverture du cadavre et ont voulu obliger les chirurgiens qu'ils ont employés, de rapporter

(1) Un passage de sa lettre reproduite par M. O'Reilly contient ce fait à titre de nouvelle.

contre la vérité que la dite femme était enceinte, nous ordonnons qu'il sera incessamment informé ce que dessus, circonstances et dépendances, par Me Robert, écuyer, sieur de la Malmaison, et Desfosses, avocat au parlement de Paris, que nous avons à ces fins commis, même seront les chirurgiens qui ont vu le corps par lui ouïs, et ceux qui ont été présens à l'ouverture d'icelui et qui ont appris la vérité pour l'information faite et rapportée, être ordonné ce que de raison. Fait à Valence, ce XXVIe août mil six cent cinquante huit.

PELLOT.

Pour mondit seigneur, MASSON. (1) »

Ce procédé de Pellot pour établir son innocence est évidemment sans valeur, puisqu'il se constitue en réalité juge et partie ; en même temps il récuse la juridiction du parlement d'après le principe même de l'institution des Intendants, qui leur conférait une juridiction supérieure à celle des parlements. On ne saurait douter par conséquent que le résultat de cette enquête, résultat qui nous est inconnu, n'ait été tout à l'avantage de Pellot Cependant cette information ne détruisit pas l'imputation la plus grave dont Pellot était l'objet, puisque les chirurgiens se refusèrent énergiquement à revenir sur les affirmations de la grossesse de la suppliciée émises par eux lors de la première enquête.

Le parlement de Dauphiné se résignait difficilement à voir Pellot indemne des faits qui s'étaient passés ; le refus des chirurgiens lui fournit une arme nouvelle dont il s'empressa de se saisir ; et, comme sa lettre au Roi, du 7 avril,

---

(1) *Mêmes archives.*

était demeurée sans effet, il adressa au cardinal Mazarin la lettre qui suit :

« Monseigneur,

« Nous avons cru qu'après avoir fait nos plaintes au Roi de la conduite du s[r] Pellot en cette province, nous les devions aussi porter à Votre Eminence, puisque le rang qu'elle tient dans l'Etat et dans le Conseil de Sa Majesté nous doit faire espérer de son entremise le soulagement que nous demandons. Nous pouvons, Monseigneur, assurer Votre Eminence que nos maux empirent tous les jours, et que ceux que la Buisse et Voiron ont souffert se sont étendus dans tout le Dauphiné. L'on y pille, l'on y vole, l'on y assassine et l'on y tue, sans que nous ayons encore appris que l'on en aît fait aucune justice. Il eût été de la dignité de celle du Roi, dont nous sommes les dépositaires, de réprimer ces désordres par quelque exemple, capable de réprimer la licence des troupes, puisque ceux qui les commandent ne le veulent ou ne le peuvent pas faire ; mais quoique quelques-uns de ces crimes nous aient approché de si près qu'ils ont été commis à nos portes, nous n'avons pas voulu l'entreprendre, ni permettre aux peuples de s'en garantir, pour ne point encourir le blâme dont on n'a pas laissé de nous charger, comme Votre Eminence verra, s'il lui plaît, ainsi que nous l'en conjurons, de jeter les yeux sur l'ordonnance que ledit sieur Pellot a donnée le vingt-cinquième du passé à un commissaire des guerres pour le justifier par les dépositions de quelques cavaliers, de l'inhumanité de la mort de cette malheureuse qu'il fit exécuter nonobstant la déclaration de sa grossesse. Il a eu raison, Monseigneur, d'employer de semblables témoins pour son innocence, puisqu'il ne l'a pu trouver dans la bouche des chirurgiens qui avoient fait l'ouverture du corps, lesquels au lieu de se dédire de leurs premiers rapports, comme il l'eût désiré, l'ont confirmé, et même ajouté qu'ils le soutiendraient véritable au péril de leur vie et de leur honneur. Ce sont les termes dont ils ont usé dans son information même, et dans celle que nous envoyons présentement à Sa Majesté pour lui rendre un compte exact de toutes nos actions. Certes, Monseigneur, si Votre Eminence n'arrête pas par sa bonté le cours de tant de maux, nous ne serons plus en état d'en empêcher le ressentiment, comme nous avons fait jusqu'ici ; quelque mauvaise opinion que ledit sieur Pellot aît voulu donner de nous à Sa Majesté, comme nous le reconnaissons assez par les dépêches que nous en recevons. Nous laissons, Monseigneur, à la prudence de Votre Eminence à juger de celle de la plume dudit sieur Pellot, et nous nous contentons de lui dire que comme nous n'avons jamais manqué de zèle au service du Roi, nous continuerons toujours à nous acquitter de ce devoir avec plus de fidélité que ledit sieur Pellot ne nous en laisse pas dans les termes de son Ordonnance.

C'est en quoi nous supplions Votre Eminence d'être persuadée et de croire aussi que nous sommes

« Monseigneur,

« Vos très humbles et très obéissants serviteurs, les gens tenant la Cour de parlement de Dauphiné

BAUDET.

Grenoble, ce 29 mai 1658 (1). »

---

(1) *Mêmes archives.*

Les plaintes contre Pellot recevaient évidemment à la cour un mauvais accueil, la suite de la correspondance du cardinal Mazarin avec le parlement de Dauphiné ne contient aucune réponse concernant l'Intendant ; elle recommande exclusivement à ce corps la continuation des bonnes dispositions qu'il a récemment manifestées ; elle lui adresse des félicitations sur le recouvrement des taxes désormais devenu facile. Evidemment ce silence avait pour but de ne pas compromettre le principe de l'autorité en reconnaissant que celle-ci avait pu avoir un tort ; le but de ce silence était encore d'étouffer une fâcheuse affaire. Pellot affectait, de son côté, de n'y attacher que bien peu d'importance, il n'en parle pas dans sa correspondance. C'est ainsi qu'au plus fort de l'irritation publique et des démarches faites par le parlement contre lui, dans une de ses lettres au cardinal il se borne à dire que malgré tous les motifs qu'il avait de se plaindre du parlement, il ne voyait plus d'inconvénients au retour des exilés, parce que, disait-il, ils auront appris à leurs dépens à être plus sages et plus modérés à l'avenir. Le seul point noir qu'il mentionne concerne les recouvrements dont les difficultés ne sont pas encore tout à fait aplanies (1).

La preuve qu'il ne fut, au nom du roi, adressé à Pellot aucun reproche, ressort encore de la réponse suivante qu'il reçut du cardinal Mazarin :

« De Bergues, le 29 juillet 1658.

« Monsieur,

« J'ai reçu votre lettre du 9e de ce mois. Je suis très persuadé des difficultés que vous trouvez dans vos recouvrements, et l'on est très persuadé de tous les soins que

---

(1) Lettre inédite du 9 juillet 1658. *Mêmes archives.*

vous prenez pour les surmonter, et de la manière dont vous servez. Je vous prie de me mander ce que vous avez à présent de fonds entre les mains, et ce que vous espérez encore recevoir, afin qu'on ne vous envoye point des ordres que vous ne pourriez exécuter. Si vous avez eu de la joie de la prospérité des armes du Roi, vous en aurez sans doute davantage du recouvrement de la santé de Sa Majesté qu'elle avoit été comme désespérée, et c'est une nouvelle matière de *Te Deum* bien plus considérable que la première. Je suis..... (2). »

Bien loin donc qu'il fût question de lui adresser aucun reproche, Pellot ne recevait que des éloges ; il semblait donc pouvoir se considérer comme tout à fait triomphant puisque les accusations portées contre lui paraissaient dédaignées. Cependant monté au capitole, mais placé trop près du bord de la roche Tarpéienne, il devait y glisser, sans faire pourtant une chute mortelle. L'opinion publique exerce toujours son empire même sous les régimes les plus absolus, elle avait rendu contre l'Intendant un arrêt dont le pouvoir lui-même dut se faire l'exécuteur ; la continuation de ses fonctions n'était plus possible en Dauphiné, il reçut l'avis de son changement par la lettre suivante du cardinal Mazarin :

« De Paris, 25 septembre 1658.

« Monsieur,

« Je suis bien aise de ce que vous me mandez touchant l'état de l'armée. Vous verrez l'ordre qu'on vous envoie d'aller en Catalogne. Comme l'on vous destine ensuite à un autre emploi de plus grande considération, je vous prie

(2) Minute d'une lettre inédite. *Mêmes archives.*

de laisser à M. de Champigny (1) un Mémoire bien exact de ce qui reste à recevoir en Dauphiné et de m'en envoyer copie. Cependant je demeure..... (2) »

Quels que soient les termes élogieux de cette lettre, sa brièveté et la soudaineté du changement de destination impliquaient un blâme et plus encore l'impossibilité de maintenir plus longtemps Pellot dans l'intendance du Dauphiné. Seulement le premier ministre n'entendait pas se priver ailleurs des services d'un administrateur intelligent dont les principes absolutistes concordaient si bien avec la phase nouvelle dans laquelle la politique du cardinal de Richelieu, continuée par le cardinal de Mazarin avec des formes seulement plus adoucies, avait fait entrer la monarchie. L'éloignement de France de Pellot, par une mission temporaire en Catalogne, paraissait seulement nécessaire. Après cette quarantaine, une nouvelle intendance en France lui était destinée, mais le choix n'en était pas fixé encore, le cardinal l'en prévint par une nouvelle lettre:

« De Paris, 10e octobre 1658.

« Monsieur,

« J'ai vu le mémoire qui accompagnait votre lettre du 30e septembre et le soin que vous avez eu d'en envoyer un pareil à M. de Champigny. Quant à ce que vous me mandez qu'après avoir exécuté votre mission en Catalogne, vous vous rendrez à Montauban, je vous dirai là-dessus que je crois qu'on a changé; car, si je ne me trompe, on vous a destiné les deux généralités d'Orléans et de Berry,

(1) François Bochard de Champigny, transféré de l'intendance du Lyonnais à celle du Dauphiné.

(2) Minute d'une lettre inédite. *Mêmes archives.*

et l'on a retiré les Intendants qui servaient en l'une et en l'autre pour réunir ces deux emplois et les donner à vous seul. Je suis..... (1). »

En définitive la cour, sans vouloir désavouer ouvertement Claude Pellot, n'avait pas osé braver l'impopularité de son maintien dans l'intendance du Dauphiné, mais elle était satisfaite de sa vigueur et comptait, après le laps de temps nécessaire pour le faire un peu oublier, le replacer dans une intendance plus avantageuse encore que celle qu'elle lui faisait quitter. Si Pellot n'avait pas réussi en Dauphiné, la violence de ses agissements y avait été certainement pour beaucoup, mais le caractère peu maniable des habitants fut aussi pour une grande part dans son insuccès. D'autres y échouèrent après lui ; ne pas aller en Dauphiné ou en sortir au plus tôt, était le souhait de tous les intendants.

Nos documents établissent que Claude Pellot ne quitta le Dauphiné que dans le courant du mois d'octobre 1658, et qu'à cette époque le choix de l'intendance qui lui serait attribuée au retour de sa mission en Catalogne n'était pas encore arrêté. Le cardinal Mazarin lui avait désigné comme probables les intendances, réunies pour lui en une seule, de l'Orléanais et du Berry ; mais l'intendance qui lui fut définitivement affectée fut celle qui se composait des deux généralités du Limousin et du Poitou ; sous raison ou prétexte de justice, il y continua ses violences (2).

---

(1) Minute d'une lettre inédite, *Mêmes archives*.

(2) Pellot fut nommé en 1669 premier président du parlement de Normandie ; les lettres patentes de sa nomination portent dans l'énumération de ses titres qu'il avait administré le Dauphiné pendant trois années en l'absence du gouverneur. A ce sujet M. O'Reilly, t. I, p. 218 fait l'observation

Par mesure d'économie et aussi dans le but déjà entrepris par l'ancienne monarchie de détruire l'autonomie des provinces, les intendants réunissaient presque toujours entre leurs mains l'administration de deux provinces, ou de deux généralités, chaque province formant une généralité; une généralité n'était on le sait, qu'une circonscription financière. Quelques années plus tard le Dauphiné subit à son tour la perte de son autonomie administrative; il fut réuni à d'autres provinces, le Lyonnais, le Beaujolais, le Forêt, pour ne former avec elles qu'une seule intendance (1).

Nous avons achevé le récit d'un des épisodes certainement les plus émouvants de l'histoire du Dauphiné, mais parmi les documents inédits concernant cette province, il en est encore quelques-uns qui nous paraissent intéressants à faire connaître, les uns se rapportent aux intérêts de cette province, les autres concernent quelques familles qui s'y rattachent.

L'évêque de Valence, Daniel de Cosnac, a joué un rôle considérable dans les affaires du protestantisme en Dauphiné, avant et après la révocation de l'édit de Nantes. Avant même cette révocation, il était parvenu à la suppression d'un grand nombre de temples, particulièrement de celui de Montélimar sur l'emplacement duquel il avait

---

suivante : « Il y a ici une légère erreur, Pellot n'a été intendant de Grenoble que d'octobre 1656 à avril 1658... » Or nos documents établissent qu'il n'a quitté le Dauphiné qu'en octobre 1658. Pellot mourut à Rouen le 3 août 1683. (Voy *Moreri.*)

(1) Nous en trouvons la preuve dans un procès-verbal, à l'occasion d'un vol à main armée, dressé par M. Dugué, intendant de justice en Lyonnais, Forêt, Beaujolais et Dauphiné, 6 février 1669. *Mêmes archives.*

fait ériger une croix (1). Après la révocation de l'Edit il parcourut ses diocèses en missionnaire ; obtint de nombreuses conversions par les voies de la persuasion et de la douceur, et sauva la vie de beaucoup d'infortunés. D'Aguesseau, dans sa correspondance, le cite comme un exemple (2). Son arrière grand oncle, Jean de Montluc, évêque de Valence, passait pour avoir laissé le protestantisme s'introduire en Dauphiné, l'arrière-neveu s'attacha d'autant plus à la réparation (3). Nous n'en dirons pas davantage sur un sujet dont les détails comporteraient de trop longs développements.

Daniel de Cosnac, en dehors des intérêts religieux qui, depuis qu'il avait quitté la cour, absorbaient la majeure partie de son temps, soit à Valence ou à Die, soit à Paris comme député aux Assemblées du Clergé de France, ne laissa pas de continuer à s'occuper des intérêts administratifs de cette province jusqu'à l'année 1687, époque à laquelle il fut transféré à l'archevêché d'Aix. Son intervention était souvent réclamée, parce que sa capacité reconnue et le crédit dont il jouissait à la cour, crédit interrompu cependant par quelques années de disgrâce (4), la faisaient rechercher.

---

(1) Le *Mercure galant* (Gazette en vers du temps) lui a consacré de nombreuses pièces de vers à cette occasion ; l'une d'elles commence ainsi :

« Illustre et grand prélat dont la sagesse exquise
« Sert avec tant d'éclat d'ornement à l'Eglise
« . . . . »

(2) Voy. les *Mémoires politiques et militaires*, publiés par l'abbé Millot sur les notes et papiers du maréchal de Noailles. Voy. aussi les *Mémoires de Pineton de Chambrun*, ministre protestant, dont il sauva la vie et qui font son plus bel éloge à force de lui être hostiles.

(3) Voy. ses *Mémoires*.

(4) Voy. ses *Mémoires*.

Cette intervention fut notamment réclamée par un agent des finances. Un traitant ou un partisan, mais cette dernière dénomination fort décriée commençait à être abandonnée, était un fermier de certains revenus royaux, plus tard ces fermiers aglomérés en un seul groupe furent appelés fermiers généraux. Nous ignorons pour quelle protection particulière ce traitant s'était adressé à l'évêque de Valence, nous ne pouvons qu'insérer ici la réponse que le prélat reçut du cardinal Mazarin :

« De Paris, 10e octobre 1658.

« Monsieur,

« Vous pouvez croire que la lettre que vous désirez de moi pour le traitant du domaine de Dauphiné est la moindre chose que je voudrois faire pour votre considération, mais comme je n'ai pas accoutumé d'écrire aux personnes de cette sorte avec qui je n'ai nulle habitude, je tâcherai d'y suppléer par le moyen de Messieurs des finances et je leur parlerai à la première occasion. Cependant je vous prie de faire toujours état de mon amitié et d'être assuré que je suis..... (1). »

Dans cette lettre, le cardinal témoigne sans réserve sa bonne volonté ; mais, en même temps, il manifeste un dédain qui lui fait repousser tout contact avec les traitants, bien qu'il apprécâit singulièrement le contact de l'argent qu'ils procuraient; ce contraste a son côté piquant.

Le cardinal Mazarin témoigne encore son bon vouloir à l'égard de l'évêque de Valence dans cette autre lettre concernant le frère de ce prélat, dont le régiment, comme

---

(1) Minute d'une lettre inédite. *Mêmes archives.*

nous l'avons vu, faisait les campagnes d'Italie et se recrutait en partie en Dauphiné :

« De Paris, 23e mars 1659.

« Monsieur,

« J'ai vu ce que vous m'avez écrit par le sieur du Griffolet (1) touchant Monsieur votre frère. Nous travaillons maintenant à ce que je vous dis à Lyon (2) et la chose au premier jour, sera terminée de façon ou d'autre. Vous en pouvez faire état et croire qu'il me suffit de savoir que cette affaire vous soit à cœur au point qu'elle est, pour ne pas la négliger, étant

Monsieur, votre très affectionné serviteur (3). »

Nous avons fait connaître les divers rapports que firent naître entre le parlement de Grenoble, le cardinal Mazarin, l'évêque de Valence et l'intendant Pellot les troubles occasionnés par le logement des gens de guerre, nous allons passer à quelques autres documents de moindre importance qui concernent également le Dauphiné.

Hugues de Lionne, ministre des affaires étrangères, dont la famille était originaire du Dauphiné, après s'être longtemps distingué comme ambassadeur de France, fut désigné par le cardinal Mazarin, lorsqu'il mourut, comme l'homme le plus capable de diriger le ministère des affai-

---

(1) Gentilhomme du Limousin.

(2) La rencontre à Lyon du cardinal Mazarin avec l'évêque de Valence avait eu lieu à l'occasion de l'entrevue de Louis XIV avec la princesse de Savoie ; le prélat y avait accompagné le duc d'Orléans, frère du roi, en sa qualité de premier aumônier de ce prince. Il raconte dans ses *Mémoires* qu'il pénétra que cette entrevue n'était qu'une fausse démonstration, afin d'amener l'Espagne à conclure le mariage de l'Infante avec le roi.

(3) Minutes d'une lettre inédite. *Mêmes archives*

res étrangères. Il ne fut cependant appelé à ces fonctions qu'en 1663 après la retraite du titulaire Henri-Auguste de Loménie de Brienne dont il acheta la charge, d'après l'ordre du roi. Les hautes fonctions dont la confiance du roi venait d'investir Hugues de Lionne lui attirèrent de la part de nombreux habitants du Dauphiné des félicitations sincères ou intéressées. Parmi les lettres conservées au ministère des affaires étrangères qui lui furent adressées soit par des corps constitués, soit par des particuliers, nous avons rencontré des lettres du parlement de Grenoble et de M. le Goux de la Berchère, son premier président; de MM. de St-André et Clétiney, présidents de chambre; de MM. de Pisançon et de Bourchenu, conseillers; des trésoriers de France; de M. Molard, président à la chambre des comptes; de MM. de Chaulnes, Dallet de la Tour, de Guinetière, de Périssol, du Perron, Vercilieu, Roussy, Dolomieu, Manissy, Robert de Saint-Germain, Pourroy; de l'abbé de Lesseins; de Mesdames de Chevrières et Revel; de Mesdames de Servien; ces dernières étaient religieuses, ainsi que le prouve une croix qu'elles ont tracé en tête de leur lettre, avec ces mots au-dessous: *Vive Jésus!* Au-dessus de leurs signatures elles ont écrit: *les sœurs de Servien* (1).

Parmi ces lettres nous reproduisons celle de M. Pourroy, qui ajouta depuis à son nom le nom de Quinsonnas, et qui est devenu la tige d'une maison considérable en Dauphiné:

---

(1) Ces deux dames étaient proches parentes de Hugues de Lionne, neveu d'Abel Servien, marquis de Sablé, ce secrétaire d'Etat au caractère violent que le nonce Fabio Chigi avait surnommé l'*Ange* exterminateur de la paix; leurs deux familles étaient originaires du Dauphiné.

« Monsieur,

« De tous ceux qui se réjouissent de l'honneur que vous avez reçu par la charge de Secrétaire d'Etat et des Commandements de Sa Majesté que vous avez acquise par son ordre, je suis celui qui y prend le plus de part comme le plus obligé. Aussi ai-je cru que vous aurez agréable que je vous en félicite et que je vous dise à même temps que le Roi ne pouvoit donner son approbation à aucun autre qui s'acquittât de cette charge avec plus de zèle pour son Etat et plus de fidélité pour son service que vous ferez. Tant les belles actions que vous avez faites dans les divers et importants emplois que vous avez eus sont des preuves infaillibles de cette vérité, et il est certain de dire que votre seule vertu vous a fait monter au comble de la gloire que vous possédez, et pour moi je n'en puis cèler le contentement que j'en ai, ni me taire des avantages que toute la France en recevra, non plus que du désir que j'ai de faire voir que je m'estime glorieux,

« Monsieur,

d'être votre très humble et très obéissant serviteur

Pourroy. »

« A Grenoble, ce 15e avril 1663 (1). »

Entre les mille avances et félicitations adressées au nouveau ministre secrétaire d'état des affaires étrangères par ses compatriotes du Dauphiné, nous avons rencontré encore une lettre d'un sieur Allard lui faisant part de son intention de publier une histoire généalogique des familles

(1) Lettre inédite. *Mêmes archives.*

nobles de cette province, dans laquelle il ferait figurer la famille du ministre au premier rang, d'autant plus que celui-ci avait rempli sa propre vie d'incidents historiques d'honneur et de gloire ; mais, ajoutait-il, comme un édifice ne saurait être construit sans matériaux et ne trouvant sur place que des titres incomplets, je réclame la communication de ceux que M. de Claveson vous a envoyés à Paris. Enfin le sieur Allard exprimait le désir que l'un des secrétaires du ministre dressât, pour le lui adresser, un Mémoire de tous les faits qui le concernaient personnellement (1).

Terminons cette Notice historique en mentionnant un arrêt de prise de corps donné par le procureur du roi, à Gap, le 3 mai 1677, sur la supplique d'un sieur de Vilbailly, contre deux frères, MM. d'Agout, contre MM. de Montauban, Farjayes, d'Hautefeuille et le chevalier Bayard, capitaine au régiment de dragons du Fay, pour s'être battus à coups de pistolet, rencontre où il y avait eu plusieurs blessés. Sur cette dénonciation, ordre fut envoyé d'arrêter ces gentilhommes et de mettre leurs biens sous séquestre. On sait quelle était la sévérité des édits de Louis XIV contre les duels et par conséquent les dangers auxquels ils étaient exposés par cette accusation qui dut être inspirée par quelque sentiment de jalousie ou de vengeance, car les faits avaient été dénaturés, puisqu'il résulta des dépositions des témoins que ces officiers poursuivaient à cheval des dragons qui désertaient et qu'ils en avaient reçu une décharge dont avaient été blessés MM. d'Agout et d'Hauteville (2).

(1) Lettre inédite datée de Grenoble, 31 juillet 1669. *Mêmes archives.*
(2) Documents inédits. *Mêmes archives*

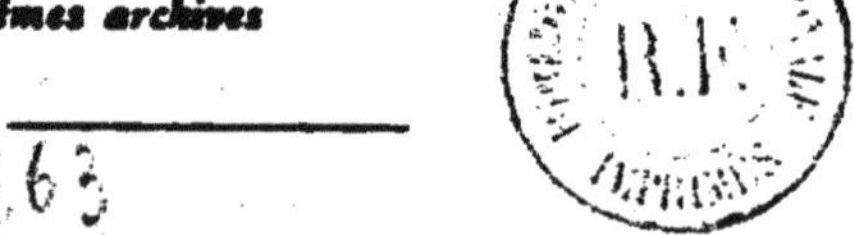

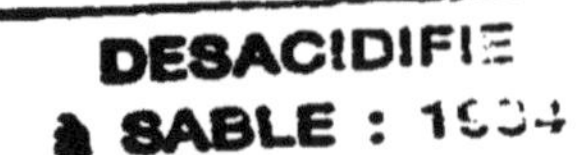